CATALOGUE

DE

L'EXPOSITION

DES BEAUX-ARTS

DE LA VILLE D'ARRAS

EN 1868.

ARRAS

TYP. ET LITH. D'ALPHONSE BRISSY.

MDCCCLXVIII.

CATALOGUE

DE

L'EXPOSITION

DES BEAUX - ARTS.

AVIS.

La liste de souscription demeure ouverte pendant toute la durée de l'Exposition. Les personnes qui désirent se procurer des Bulletins d'actions, acquérir quelques-unes des productions des Artistes exposants, ou obtenir quelques renseignements, pourront s'adresser au Secrétariat, dans le local de l'Exposition.

———

Nota essentiel. — Voir l'AVIS de la dernière page du Catalogue.

CATALOGUE

DE

L'EXPOSITION

DES BEAUX-ARTS

DE LA VILLE D'ARRAS

EN 1868.

ARRAS

TYP. ET LITH. D'ALPHONSE BRISSY.

—

C.

EXPOSITION DES BEAUX-ARTS
DE 1868.

RÉGLEMENT.

ARTICLE 1er.

Il y aura à Arras, en 1868, une Exposition des Beaux-Arts. Les artistes et les personnes qui possèdent des objets d'art compris dans les catégories suivantes sont appelés à y prendre part.

ARTICLE 2.

L'Exposition d'Arras s'ouvrira le 23 août et sera fermée le 15 octobre.

ARTICLE 3.

Sont admises à l'Exposition les œuvres des sept catégories ci-après désignées :

1o Peinture ;
2o Sculpture ;
3o Dessins ;
4o Gravure ;
5o Lithographie ;
6o Architecture ;
7o Photographie-Artistique.

On n'admettra que des ouvrages originaux, à moins que les copies n'aient été faites dans un genre différent, par exemple sur émail, sur porcelaine, etc.

Pour la classe de l'architecture on n'admettra que les plans ou dessins, et non les objets en relief.

ARTICLE 4.

La Commission se réserve le droit de ne pas accepter les ouvrages dont l'exposition publique lui paraîtrait présenter quelques inconvénients.

ARTICLE 5.

Les frais de transport, aller et retour, sont à la charge de la Société de l'Exposition.

ARTICLE 6.

La Commission prendra les plus grands soins pour la conservation des objets qui lui seront confiés, sans toutefois accepter la responsabilité des accidents qui pourraient arriver, quelles qu'en soient la cause et l'importance, à moins pourtant qu'ils ne proviennent du fait de ses agents.

ARTICLE 7.

Tous les objets venant de Paris devront être déposés chez M. Fillonneau, rue Saint-Georges, numéro 43, du 15 au 20 juillet, au plus tard. Ils seront retournés par la même voie.

Les objets provenant d'ailleurs devront être remis soit aux messageries, soit au chemin de fer (petite vitesse), et être rendus à Arras le premier août, terme de rigueur.

ARTICLE 8.

Le local destiné à l'Exposition exige que les tableaux soient [principalement des tableaux de chevalet et ne dépassant pas 2 mètres 50 centimètres de hauteur ou de largeur, cadre compris.

D'autre part pour la sculpture, la Commission ne recevrait pas d'ouvrage dont le poids dépasserait 100 kilos ; ceux qui auraient des raisons particulières pour envoyer des tableaux de plus grande dimension ou des sculptures d'un poids plus considérable, devraient d'abord s'entendre avec le Président de la Commission.

ARTICLE 9.

Les objets doivent être emballés avec le plus grand soin, dans des caisses fermées à vis.

ARTICLE 10.

Les ouvrages envoyés doivent être convenablement encadrés ; les cadres de forme ovale ou ronde ou à pans coupés ne seront admis qu'autant qu'ils seront ajustés sur des panneaux de forme carrée.

ARTICLE 11.

Chaque ouvrage devra être accompagné d'une notice signée de l'exposant, contenant les nom, prénom, demeure, indication du sujet et prix exact de l'œuvre si elle est à vendre.

On aura également soin d'indiquer si l'œuvre a été gravée ou lithographiée.

ARTICLE 12.

Aucun ouvrage exposé ne pourra être reproduit ou copié sans une autorisation de l'artiste ou du propriétaire de cet objet.

ARTICLE 13.

Aucun ouvrage exposé ne pourra être retiré avant la clôture de l'Exposition.

ARTICLE 14.

La Commission consacrera ses fonds à l'acquisition du plus grand nombre possible d'objets d'art qui seront tirés au sort entre les actionnaires.

ARTICLE 15.

Chaque action est de 5 fr. Elle donne droit à un billet de la loterie.

ARTICLE 16.

Les personnes qui prendront quatre actions jouiront d'avantages spéciaux qui les placent dans une série à part.

1º Elles auront le titre de membres fondateurs ;

2º Elles auront droit à quatre billets de loterie ;

3º Elles auront droit, en outre, à un billet d'entrée permanente pour elles et leur famille, habitant sous le même toit.

ARTICLE 17.

Il sera perçu à l'entrée du local de l'Exposition un droit de 50 centimes par personne.

ARTICLE 18.

Le catalogue des objets exposés sera imprimé et vendu au profit de l'Exposition. Il contiendra la liste des membres fondateurs.

ARTICLE 19.

Des objets achetés par la commission ou obtenus par d'autres voies formeront autant de lots, dont le tirage aura lieu publiquement, sous les auspices de l'autorité municipale, aux jour et heure qui seront ultérieurement fixés.

ARTICLE 20.

Tout lot non réclamé dans l'année à partir du jour du tirage, sera déposé et appartiendra au Musée.

Fait et réglé en séance de la commission de l'Exposition des Beaux-Arts.

Arras, le 26 mars 1868.

Le président de la commission,

Général VÉRON DE BELLECOURT.

Le Maire d'Arras :

Président d'honneur : H. PLICHON.

Le secrétaire : Le Chanoine VAN DRIVAL.

MEMBRES DU BUREAU.

Président d'honneur : M. H. PLICHON, O. ✻, Maire de la ville d'Arras.

Président : M. le Général VÉRON DE BELLECOURT, C. ✻ ✻ ✻.

Vice-Présidents : MM. LECESNE, ✻, Adjoint au Maire de la ville d'Arras, Président de la Société des Amis des Arts ; — PETIT, Octave, Secrétaire-Général de la Commission du Musée.

Secrétaire : M. le Chanoine VAN DRIVAL, ✻, Membre de l'Académie.

Secrétaires-Adjoints : MM. Charles DEMORY, Artiste-Peintre; — Charles DESAVARY, Artiste-Peintre.

Trésorier : M. Alphonse BRISSY, Président de la Société Typographique.

MEMBRES DE LA COMMISSION.

MM. BOLLET, Notaire.

BOULANGÉ, ✻, Ingénieur en chef des Ponts-et-Chaussées.

BOURGOIS, Architecte de la ville.

BRUNET, Rédacteur du *Propagateur*.

BUISSART DE CARDEVACQUE, Propriétaire.

CAMINADE, ✻, Direct. des Contrib. indirectes.

DAUCHEZ, ✻, Benjamin, Propriétaire.

DELAPORTE, Professeur de dessin.

DEMORY, père, Président de la Commission des Beaux-Arts, au Musée.

DEUSY, Avocat, Juge suppléant.

DOURLENS, Xavier, Artiste-Amateur.

DUBOIS, Artiste-Peintre.

GIESSLER, Architecte du dépaatement.

GALAMETZ (A. de), Propriétaire.

GRANDGUILLAUME O. ✻, Membre du Cons. munic.

LAMPERIÈRE, Artiste-Peintre.

LINAS (de), ✻ ✻✻✻, Membre de l'Académie.

MALLORTIE (de), Principal du Collége.

MAYEUR, Architecte.

RAFFENEAU DE LILE, ancien Président du Tribunal de Commerce.

THÉPAUT, Artiste-Amateur.

TIERNY, ✻, Rédacteur en chef du *Courrier du Pas-de-Calais*.

TRICART, Peintre-Décorateur.

VRIGNAULT, Rédacteur en chef de l'*Ordre*.

Ont été nommés Membres de la Commission dans la dernière séance générale :

MM. Bacouel, surveillant général du Musée.
Bouchet, sous-lieutenant au 33ᵉ de ligne.

LISTE DES MEMBRES FONDATEURS.

Académie Impériale d'Arras.
Advielle–Pecqueur.
Advielle-Plouvier (Mᵐᵉ).
Advielle (Omer).
Aoust (Comte d').
Audibert, ✿.
Barbier.
Becthum (Victor).
Bélin, conseiller général.
Bellecourt (général De), C. ✿.
Bellet-Lefebvre.
Bellon, à Rouen.
Bernard (Eugène).
Bernard–Gayant.
Blondel-Aubron (Veuve).
Boiry (V. de).
Bollet, père.
Bollet (A.).
Bonnet (L.).
Bonnière.
Boutry, ✿.
Bonnival (De).
Bouchez-Béru.
Boulangé, ✿.
Bouneton (Colonel), O. ✿.
Bourgois.
Bret, à Saint–Omer.
Brémart.
Brichet, ✿.
Brissy, (Alph.).
Brunet, libraire.

BRUNET, maître d'hôtel.
BUISSART (Charlis).
BUISSART, brasseur.
BUNOUST.
BURNIER-DÉALET.
CALONNE (DE), O. ✳.
CALONNE, receveur.
CAMINADE, ✳.
CANETTEMONT (DE).
CAPET-FLOUR (Veuve).
CARDEVACQUE (Ad. DE).
CAVROIS, brasseur.
CAVROIS, ✳, agent-voyer.
CERCLE ARTÉSIEN.
CERCLE DE LA CONCORDE.
CHAMPON.
CHAPUS.
CHOQUET-PLANQUETTE.
CLAIRET (Jules).
COTTEAU.
CRESPEL-PINTA.
CURNIER, ✳.
CUVELIER, ancien brasseur.
CUVELIER, notaire.
DANNIAUX.
DAUCHEZ (Benjamin), ✳.
DAVAINE (Mme).
DAVERDOING (Ch.).
DE CLERCK (Paul).
DEFRENNE (Mme).
DEBOUT.
DE CORMETTE.
DEGAND, menuisier.
DEHÉE-BRAINE.
DEHÉE (Albert).
DEHÉE-CAYET (Mme).
DELAMME-DELADERIÈRE.
DELAPORTE.

DELEAU.
DELLISSE-ENGRAND ✳.
DELLISSE (Gustave).
DEMORY (père).
DEMORY (Charles).
DENEUVILLE.
DENISART.
DERON.
DESAVARY (Charles).
DESGARDIN-DESVIGNES.
DESONGNIS.
DEUSY (E.).
DEUSY (Mᵐᵉ E.).
DEVEMY (J.-B.).
DEWILDE, avoué.
DHÉ-ROUSSEL.
DIESBACH (Comte DE).
DOURLENS-AUBRON.
DOURLENS (Xavier).
DOUTREMEPUICH.
DUBOIS (Désiré).
DUPONT.
DUPUICH-MERCHEZ.
DUVERNOIS (Abel).
EUDES D'EUDEVILLE, O. ✳.
FAGNIEZ.
FINET (A.).
FLORENT.
FLORENT-LEFEBVRE.
FORGERIE (Colonel DE LA), C. ✳.
FORTIN-LANTOINE.
FRESSON.
FURNE.
GAILLARD.
GALAMETZ (A. DE).
GALAMETZ (Mˡˡᵉˢ DE).
GALAMETZ (Vicomtesse DE).
GARDIN, ✳.

GERBORE-PIÉRON.
GIESELER.
GODART (Mme Modeste).
GONSE.
GRANDGUILLAUME, O. ❋.
GRASSIN-BALÉDANS.
GUYOT.
HALLO (Ch.).
HANNEBICQUE-LEGENTIL.
HANON-BUISSART.
HARLÉ-D'OPHOVE.
HASTRON, ❋.
HAUTECLOCQUE (Cte G. DE).
HAVRINCOURT (Marquis D'), O. ❋.
HENRY, commissaire-priseur.
HÉQUET-DORCHIN.
HÉRENG DE BOISGÉRARD.
HIRACHE.
HOVINE (L.),
HURET, employé des contributions.
IWINS.
KÉTIN.
LAMBERT, brasseur.
LAMPÉRIÈRE.
LANTOINE-BLONDEL.
LANTOINE (Hippolyte).
LAROCHE.
LECESNE (Edmond), ❋.
LECESNE (Paul),
LECONTE-PAMART.
LEFEBVRE DU PREY.
LEGENTIL-PARENT.
LE GILLON (Mme v^e).
LEGRAND, à Calais.
LE JOSNE-CONTAY (Marquis).
LELOUP (Veuve).
LELOUP, fils.
LEMAIRE-CAUVAIN.

LENOIR DES ARDONNES.
LEPOIVRE (Mlle).
LEQUETTE (Mgr), ✳.
LESCARDÉ Docteur.
LESCARDÉ, notaire.
LINAS (DE), ✳.
LOBEZ (Jules).
LOIR.
MALLIAVIN (Joseph).
MALLORTIE (DE).
MARY-LAVALLEE.
MATHIEU (Victor).
MATHIEU-CUVELIER (Mme).
MAURICE D'HATTECOURT, ✳.
MAYEUR, architecte.
MESUREUR.
MERLIN, colonel, O. ✳.
NAU (Sulpice).
NEPVEU (Léon).
NONJEAN.
NORMAN (Paul).
PAJOT-DRION, et fils.
PAILLARD (Alp.), O. ✳.
PAS (Comte Alfred DE).
PAYEN (Henri).
PETIT (Mlle Laure).
PETIT (Octave).
PETIT-WARTELLE.
PIÉRON-LEROY.
PILAT, ✳.
PILLONS-DUMORTIER.
PINTA-VASSEUR.
PLÉ (Henri).
PLICHON (Hippolyte), O. ✳.
POLY (O. ✳).
PROVOST, entreposur.
PROYART, de Morchies.
PUISIEUX (Gustave DE).

RAFFENEAU DE LILE.
RAMBURE, Frères.
REMY-BALIN.
RENARD-DESONGNIS, ✳.
ROBAUT (Alfred).
ROBERT.
ROCOURT (Vicomtesse DE).
ROCOURT (O. DE).
ROGUIN, ✳.
RUCHIER.
SAGUET-HÉQUET.
SAINT-AMOUR (Mme).
SAINT-PAUL (DE), O. ✳.
SENS (Éd.), ✳.
SERPETTE.
SAYVÉ (Mme).
SOCIÉTÉ ARTÉSIENNE DES AMIS
   DES ARTS.
TAFFIN-CORRIEZ.
TAMBOISE.
TERNINCK, chanoine.
TÉTIN-DEGASPARY.
THÉPAUT (Jules).
THÉRON.
THOMAS, conrtier.
TIERNY (A.), ✳.
TRAMECOURT (Comte H. DE).
TRAMECOURT (Comte DE).
TRICART (Edouard).
TRICART (Léopold).
VAILLANT (Léon), docteur.
VAILLANT-LEDIEU.
VAN DRIVAL (L'abbé), ✠.
VASSELLE, notaire.
VINCHON.
VRIGNAULT (Ch.).
WARTELLE (Charles), ✳.
WARTELLE (Constant).
WATTELET (Louis).

CATALOGUE

DE

L'EXPOSITION

DES

BEAUX-ARTS.

PARTIE MODERNE.

I.

PEINTURE.

ADAN (Louis-Émile), élève de Picot et Cabanel, 6, passage Saulnier, à Paris.

1. — Prédication dans l'église Della Bocca Della Verita.

ANTIGNA (M.) ✳, élève de Paul Delaroche. Méd. diverses.

2. — L'enfant et son ombre;
3. — Jeune fille donnant à manger à des tourterelles.

ANTIGNA (Mme HÉLÈNE), élève de MM. A. Delacroix et Antigua.

4. Une tricoteuse de Pornic.

APPIAN (ADOLPHE), élève de MM. Corot et Daubigny, 53, rue Neuve-des-Mathurins. Méd. 1868.

5. — Environs de Rossillon (Aisne).

ARNOUX (MICHEL), élève de Léon Cogniet et Ed. Frère, à Ecouen.

6. — Le jour des Rameaux ;
7. — Une leçon pas bien sue.

AUDIAT (FÉLICIE Mme), rue Richer, 41, Paris.

8. — La jeune mère *(tableau exposé à Paris en 1866)*.

AUFRAY (ALPHONSE-ÉDOUARD), né à Paris.

9. — Un village dans l'Artois.

AUGÉ (ÉTIENNE), boulev. Mazas, 36, Paris.

10. — Le repas chez la Grangère.

11. — Jean-Jacques et Mme de Warens.

AUTEROCHE (ALFRED), élève de Brascassat et de M. L. Cogniet, 70, rue Rochechouart, à Paris.

12. — Le lait d'ânesse, scène parisienne.

13. — Chaumière normande.

BAILLY (LÉON), né à St-Omer, Paris. 119, avenue d'Eylau.

14. — Le jour de la paie ;

15. — Un coin de jardin ;

16. — Pêcheur des côtes de Boulogne.

BAUDIT (AMÉDÉE), élève de M. Diday, Bordeaux, rue de l'Eglise St-Sevrin, 77, Méd. 1859-1861.

17. — Une rue à Dieppe, effet de lune;

18. — Un marais dans le Berry;

19. — Un lever de lune aux environs de Dieppe ;

20. — Côte de Terre-Nègre.

BELLANGÉ (Eugène), élève de son père et de Picot, Paris, 97, rue de Douai.

21. — Souvenir de Bade, Paysage avec figure;

22. — Le retour à la ferme, souvenir d'Etretat ;

23. — Episode de Magenta (campagne d'Italie).

BELLY (Léon), de St-Omer ✳, élève de Troyon et Rousseau, Paris, quai d'Orsay, 71. Médailles diverses.

24. — Environs du Caire.

BÉNARD (Hubert-Eugène), à Boulogne-sur-Mer, 3 et 15, rue de Calais.

25. — Vue du Parlement anglais, prise du quai de Milbank (Londres). *Salon de Paris 1863*;

26. — Le Retour de la pêche (côtes de Normandie). *Salon de Paris
1864* ;

27. — Un sauvetage en mer (embouchure de la Tamise). *Salon de
Paris 1866* ;

28. — Bâteau à vapeur de Folkes-
tone entrant dans le port de Boulogne par un gros temps (novem-
bre 1867). *Salon de Paris 1868;*

29. — Avant le départ (intérieur du
port de Boulogne), nov. 1867. *Salon de Paris 1868.*

BENTABOLE (Louis), Paris, rue Pigalle,
22. Méd. à Rouen 1858 et 1859.

30. — Paquebot anglais sortant du
port de Calais;

31. — Une plage aux environs de
Boulogne-sur-Mer.

BERMOND (Philéas-Félix), 49, rue de
Sèvres, à Paris.

32. — Mathilde, reine de Danemarck,
dans la prison de Cronenbourg;

33. — Les briseuses de filasse ;

34. — Mendiantes.

BERNARD (Philibert), boulevard Montparnasse, 81, Paris.

35. — L'Amour s'échappant des bras
de Psyché. *Salon de Paris 1867.*

BERTHÉLEMY (Emile), 13, rue Berthe,
Paris-Montmartre

36. — Vue de l'avant-port de Fécamp;

37. — La plage de Bernières-sur-Mer.

BERTHON (Nicolas), rue Turgot, 23,
Paris. Médaille 1866.

38. — La Prière, Auvergne.

BERTRAND (James), 161, boulevard
Montparnasse, à Paris. Médaille 1861 et
1863.

39. — Le jour du Pardon à Rome.

BESSON (Faustin), ✳, 43, rue Saint-Georges, Paris.

40. — Le Page ;
41. — Le Perroquet favori.

BIART (Fr.), de Lyon, aux Plâteries, par Fontainebleau.

42. — Marie Sybille Mérian donnant la première leçon d'entomologie au chevalier de Rosande, son neveu;
43. — Déjeûner des notables de S.... dans les serres de la sous-préfecture.

BLANC (Célestin), élève de Paul Delaroche, 46, rue Notre-Dame-de-Lorette, à Paris. Deux médailles à l'école des Beaux-Arts.

44. — Jeune fille italienne dans la campagne de Rome.

BLANQUART-ÉVRARD, ✳, de Lille.

45. — Le marché de Vichy;

46. — Le moulin, route de Cusset à l'Ardoisière ;

47. — Coquin de sort.

BLUM, 34, rue Lafayette, Paris.

48. — Chasseur en forêt ;

49. — Piqueur et ses chiens.

BONARD (EUGÈNE), de Dunkerque, rue Princesse, à Lille.

48 *bis*. — Petit fifi *et mor;*

49 *bis*. — Fleurs sous bois ;

50. — Retour du jardin;

51. — Bouquet des champs.

BONNIVAL (Mme DE), à Blangy-lez-Arras.

52. — Flamicourt, village où naquit Béranger;

53. — Etude de jeune fille.

BOUCHET (AUGUSTE), élève de M. Léon Cogniet, rue Turgot, 23, à Paris.

54. — Le village de Samzon (dans le Vivarais).

BOUDIN (E.), 46, rue Notre-Dame-de-Lorette, à Paris.

55. — Marine, prise au Hâvre.

BOSQUIER (CHARLES-JOSEPH), 7, rue de la Tour-d'Auvergne, à Paris.

56. — Fruits.

BOULANGÉ (LOUIS), élève d'Eugène Delacroix. Méd. 1859. 76, route de Paris à Romainville.

57. — Les laveuses aux sources de la Charente;

58. — Environs de Romainville.

BRETON (JULES), O. ✻, ✺.

59. — La jeune fille de Courrières (appartient à M. Dancoisne).

BRETON (EMILE-ADÉLARD), à Courrières. Médailles 1866, 1867 et 1868.

60. — Soleil couchant ;

61. — Effet de neige ;

62. — La nuit ;

63. — La Souchez à Courrières.

BRISSOT DE WARVILLE, 46, rue Notre-Dame-de-Lorette, à Paris.

64. — Le départ pour le marché.

BRUNNER-LACOSTE, 5, place Saint-Michel, à Paris. Médaille à Rouen.

65. — Le Nid ;

66. — Paon et Fleurs *(Expos. de Paris 1865)*;

67. — Fruits.

BULTEAU (CHARLES), élève de MM. Cabanel et Benedict Masson, carrefour de l'Observatoire, 1, à Paris.

68. — Un Chasseur et son Porteur en repos (appartient à M. C.) ;

69. — Portrait de M. X... ;

70. — Portrait de Mme X... ;

71. — De pauvre à pauvre, jeune fille secourant une mère ;

72. — Un Pifferaro (appartient à M. Levallois) ;

73. — Portrait de M. C. D... ;

CAILLE (Léon) de Merville, boulevard St-Michel, 139, à Paris, élève de Léon Cogniet.

74. — Heureuse mère.

CAILLOU (Louis), élève de Fontemay et de Grenet, rue Christine, 7, avenue d'Eylau, Passy-Paris.

75. — Un marais et grès.

CARRÉ-SOUBIRAN (Victor), rue Doudeauville, 16, à Paris.

76. — Le Congé.

CARRIÈRE, rue de Notre-Dame-de-Lorette, 60, à Paris.

77. — Le Papillon ;

78. — Le Perroquet.

CATTAERT (Auguste), rue du Château-
Saint-Maurice-lez-Lille.

79. — Un bouquet de Pivoines ;
79 *bis*. — Fleurs et fruits.

CELLIER (Paul), rue Blanche, cité Gaillard, 1. Méd. Paris 1868.

80. — Derrière la fenêtre.

CHARPENTIER (Alfred), 38, rue Richelieu, à Paris.

81. — Le Marais de Sucy *(admis au
salon de 1868)*.

CHAUVEL (Théophile), élève de Picot et de MM. Bellel et d'Aligny, 39, rue
de l'Arc de Triomphe.

82. — Dans la gorge aux Loups
(forêt de Fontainebleau);
83. — Le Chemin de la grève.

COLIN (Gustave), né à Arras, à Paris,
15, rue Fontaine-St-Georges.

84. — Marchande de poissons à Ciboure ;

85. — Entrée du Port de Pasages (appartient à M. Deusy) ;

86. — Marchand de journaux des rues d'Arras (1866);

87. — Une rue à Fontarabie.

COLLETTE (Alexandre), né à Arras. Place Dancourt, 6, Paris-Montmartre.

88. — Une espièglerie ;

89. — Les trois glaces;

90. — Vue de Fontainebleau ;

91. — Méditation de St-Jérôme.

COLLIN (Nicolas-Pierre), rue d'Assas, 68, Paris.

92. — La charité, s'il vous plaît ;

93. — Pifferaro.

COROENNE (Henri), élève d'Abel de Pujol et Picot, 138, faub. Poissonnière, Paris.

94. — A Rome ;

95 — A Paris.

COROT (J. B. Camille), ✳, 58, rue Neuve-des-Mathurins, Paris.

96. — L'Amour s'envole (appartient à M. Leducq) ;

96 *bis*. — Paysage près d'un village.

CORR (Mlle Alix), élève de Mme F. Geefs, demeurant à Comines (Nord).

97. — La petite glaneuse ;

98. — Pauvre enfant.

CORTÈS, 46, rue Notre-Dame-de-Lorette, Paris.

99. — Paysage et animaux ;

100. —   id.   id.

COSSMANN (Maurice), élève de M. Eug. Lepoitevin, Paris, 17, rue Duperré. Médaille à Rouen, Blois, etc.

101. — Le Portrait.

COTELLE-HÉBERT (Amand), à Melun.

102. — Pâturage aux environs de Fontainebleau.

CUSSAC (Emile), demeurant à Lille, rue de Thionville, 29.

103. — Un pêcheur;
104. — Un soleil couchant.

DAGNAN (Isidore), ✳, 35, rue Saint-Georges, Paris.

105.—Un bois au bord de l'eau;
106.—Forêt traversée par une rivière.

DALIPHARD (Edouard), élève de M. Morin, rue de Paris, 1. Méd. Rouen 1862-1864. Poissy,

107. — La grange Saint-Louis près Poissy;
108. — Le coin aux canards, bords de la Breste (Seine-Inférieure).

DANSAERT (Léon), à Ecouen (Seine-et-Oise).

109. — Après dîner.

DAUBIGNY (Charles-François), ✻ ,
58, rue des Mathurins, Paris. Médaille
1re classe à l'exposition universelle.

109 *bis.* — Paysage.

D'AVANÇON (Ernest-Thiérion), rue
Fontaine-St-Georges, 47, Paris.

110. — Bords du Surau (Dauphiné).

DAVERDOING (Charles), rue de Tré-
vise, 37, Paris.

111. — Rébecca ;
112. — Ciel ! Enfer ;
113. — Bacchante au repos ;
114. — Maria (étude) ;
115. — Marinetta ;
116. — Grazia ;
117. — Chiaruccia ;

DARCQ (Albert), élève de M. Rondeau,
demeurant à Lille.

118. — Portrait de M. Danel ;
119. — Portrait de M. Rondeau.

DARDOIZE (Emile), 12, rue de l'Eperon, Paris.

120. — Souvenir de Bougival ;

121. — Quand trois canes vont aux champs;

122. — Environs de Beauvais.

D'AVEUX (Mlle Marie), boulevard de l'Hôpital, 47, Paris.

123. — Fruits et bibelots divers *(Salon de Paris, 1868)*.

DE BEUL (Laurent), élève de Robbe, place du Musée, 4, à Bruxelles. Méd. à Montpellier.

124. — Moutons gardés par une jeune fille ;

125. — Berger conduisant son troupeau, effet de neige.

DE BEUL (Henri), élève de son frère Laurent, à Bruxelles, même adresse.

126. — Scène de basse-cour.

DE BYLANDT (LE COMTE ALFRED), de La Haye, élève de B. C. Koekkoek De Clèves. Méd. à Orléans.

127. — Paysage et moutons, souvenir d'Ecosse.

DE HAGEMANN (GODEFROY), élève de M. Palizzi, à Bourron (Seine-et-Marne).

128. — Paysage;
129. — Vue prise en Normandie.

DE BAR (ALEXANDRE), né à Montreuil-sur-Mer, rue Lafontaine, 70, Paris-Auteuil.

130. — Vue prise de Lanslebourg (Savoie).

DE BEAUMONT (EDOUARD), rue Notre-Dame-de-Lorette, 46, Paris.

131. — La déclaration.

DE BORD (LÉON), à Nanterre (Seine).

132. — La moissonneuse (apprêts pour la sieste).

DE CONINCK (Pierre), élève de M. L. Cogniet, rue Madame, 27, Paris. Méd. 1866 et 1868.

132 *bis*.— I Moccoli (fin du carnaval à Rome).

D'EGLISE (Edmond), élève de M. Yvon, 17 rue des Saints-Pères, Paris.

133. — Un clos en fleur.

DE GROISEILLIER (Marcelin), 66, rue de Provence, Paris.

134.—Un vieux moulin sur la Seine;

135.—Une matinée de printemps;

136.—Rochers à Plougastel.

DE HAES (Oscar), Lille, 19, rue de la Barrre.

137. — Pie IX.

138. — Arthur Guillemin, lieutenant aux zouaves, tué à Monte-Libreti (appartent à M. Guillemin, à Aire).

139. — L'Orpheline devant le portrait

de sa mère (appartenant à M. le baron Gustave de Guerne, à Douai).

D'HAUSSY, 37, rue de Lille, Paris. Médailles à Paris, Bayonne, etc.

140. — Chien bull-terrier;

141. — Bestiaux, effet de brouillard;

142. — Pâturage.

143. — Taureau se grattant, étude d'après nature;

144. — Animaux sous bois, Normandie.

DELAMARRE (THÉODORE), rue J. B. Say, 10, Paris.

145. — Rentrée à la factorerie.

DE LEUB (FRANÇOIS), élève de Laurent de Beul, place du Musée, 4, à Bruxelles.

146.—Jeunes fumeurs dans les Dunes.

DELECHAUX (MARCELIN), élève de M. Plassau, rue Durantin, 3, à Montmartre-Paris.

147. — Une ruse de guerre.

148. — Le message.

DE LORIS-MÉLIKOFF, 3, place Pentagonale, Batignolles-Paris.

149. — Un bois.

DE LOS RIOS, rue de Vanves, 32, Plaisance-Paris.

150. — Après le duel;

151. — Chez un costumier (nature morte).

DEMORY (AUGUSTE), Arras, rue des Capucins. Médailles à Arras et à Cambrai.

152. — Souvenir des Vosges;

153. — Le Bas-Bréau (forêt de Fontainebleau);

154. — Les bords de la Scarpe ;

155. — Effet de soleil couchant.

DEMORY (CHARLES), à Arras, rue de Beaufort, élève de Léon Cogniet.

156. — Portrait de madame D..;

157. — Portrait de monsieur D..;

158. — La consigne;

159. — Garde-Suisse du Pape (costume de la fin du XVIe siècle);

160. — Les tirailleurs ;

161. — La corbeille de rose;

162. — Le médaillon.

DE LA PORTE (Mme ADÈLE), rue Saint-Dominique, 22, Paris.

163. — Deux chiens, les amis du pauvre ;

164. — Dick, petit chien épagneul.

DE MOULIGNAN (LÉOPOLD), élève de P. Delaroche et Picot. Paris, rue de Bruxelles, 36.

165. — La toilette d'une Mauresque, souvenir d'Alger.

166. — Retour de chasse (Camaieu).

DETREZ, de Valenciennes (feu).

167. — Paysage composé.

D'OLIVIER (Louis), 30, rue Saint-Lazare, Paris.

168. — La becquée.

DOUILLARD (Alexis - Marie - Louis), élève de M. H. Flandrin et de M. Gleyre, Paris, rue Madame, 53.

169. — Hombeline repentante aux pieds de saint Bernard, son frère.

DOZE (Melchior), Nîmes, boulevard du Grand-Cours, 19. Médailles à Nîmes, Montpeller, Lyon, Périgueux, Albi, Carcassonne, etc.

170. — Le matin (scène d'intérieur).

DESAVARY (Charles-Paul), à Arras.

171. — Azalées ;
172. — La joûte à Arras ;
173. — Derniers rayons;
174. — Le piége.

DESBROSSES (Léopold), 36, route de Châtillon, à Paris.

175. — La corbeille de fleurs.

DESHAYES (Charles-Félix-Edouard), élève de M. Sénéquier, 20, rue de Vintimille, à Paris. Médaille à Paris, 1863, .

176. — Intérieur de forêt (décembre).

D'HAUTEL (Virgile), élève de Léon Cogniet, 39, rue Notre-Dame de Nazareth, à Paris. Diverses médailles,

177. — Fruits.

DIART (Edouard), à Stains, près Saint-Denis.

178. — Fleurs;
179. — Fruits ;
180. — Paysage, vue prise à Ville-d'Avray.

DUBASTY, quai Bourbon, 21, à Paris.

181. — Consolation ;
182. — Un dîner champêtre.

DUBOIS (Hippolyte), 24, rue de Bucy, à Paris.

183. — Bacchus ;
184. — Diane et Calysto.

DUBOIS (Désiré), de Fleurbaix, habitant Arras. Médailles diverses.

185. — Un Calvaire ;
186. — Une lavandière;
187. — Un côteau boisé.

DUBOS (Mlle Angèle), élève de M. Chaplin, 17, rue Lemercier, Batignolles-Paris.

188. — La bataille.

DUCHESNE, rue Saint-Nicolas 17, à Rouen. Médailles diverses.

189. — Nature morte, légumes ;
190. — Un lièvre et un geai.

DUMESNIL (Jules), 4, boulevard de l'Hôpital, Paris.

191. — Un clair de lune. *(Salon de Paris 1868.)*

DUMES (Mlle MARIE), boulevard de l'Hô-pital, 4, à Paris.

192. — Pantoufles turques. (*Salon de Paris 1868.*)

DUPRÉ (VICTOR), 15, rue Neuve des Petits-Champs, à Paris.

193. — Environs de Caen.

DURANT (JEAN-ALEXANDRE), 11, avenue des Tilleuls, à Paris-Montmartre.

194. — Près Poissy, effet du matin;
195. — Derrière Montmartre;
196. — L'île de la Grande Jatte, à Asnières;
197. — Etudes sur les buttes Montmartre;
198. — Jeune femme cousant;
199. — Nature morte;
200. — Vache à l'étable.

DUVAL (EUGÈNE-STANISLAS-GUILLAUME),

élève de MM. Pils et Leloir, rue Taranne, 19, à Paris.

201. — Soldats à la recherche de Vitellius.

FAUGIER (Paul), à Carpentras.

202. — Vue prise aux grottes dans le Martinet, à Carpentras (Vaucluse).

FAYOLLE (Mlle Amélie-Léonie), élève de M. Léon Cogniet, Paris, rue de Dunkerque, 29.

203. — Jeunes pâtres romains.

FÉLON (Joseph), Paris, rue Thiboumay, 13. Méd. 1861 et 1863.

204. — La brise, peinture Camaieu;
205. — Intercession à N.-D. de Sainte-Espérance (peint sur verre, à l'église Saint-Séverin, à Paris.

FEYEN-PERRIN (Auguste), élève de MM. L. Cogniet et Yvon, rue de l'Aiguillerie, 8, Paris. Méd. 1865 et 1867.

206. — Charles-le-Téméraire, re-trouvé le surlendemain de la ba-taille de Nancy.

FRÈRE (Théodore) ❋, exempt. Médaille 2ᵉ classe, Paris.

207. — Entrée d'une oasis, paysage;

208. — Entrée d'un caravansérail à Alger;

209. — Fontaine arabe (appar-tiennent à M. Deusy, avocat à Arras).

GUÈS (Alfred), rue de Vaugirard, 133, à Paris.

210. — Le rendez-vous.

GUICHARD (Joseph-Alexandre) ❋, aux Chartreux, 51, Marseille.

211. — Barque à la côte (environs de Marseille);

212. — La rentrée au port (effet de lune).

GUILLEMER (Ernest), 12, rue Bourti-
bourg, Paris.

213. — Forêt de Fontainebleau.

HADAMARD (Auguste), rue Ste-Anne,
51, à Paris.

214. — Un jeune étudiant;

215. — La laveuse.

HANQUELLE (Jules), à Béthune.

216. — Apparition de Saint-Éloi ;

217. — Christ à la Colonne.

HUGARD (Claude-Sébastien), rue Billault, 13, à Paris. Méd. 1844, 1845.

218. — Le fond du lac Léman (effet
du soir).

HUGUET (Victor), 18, rue du Bac, à
Paris.

219. — Caravane en marche (Algérie).

JACOTT-CAPPELAERE (Mme), élève
de L. Cogniet, Paris-Passy, rue Bellini,
1 *bis*.

220. — Une pêcheuse des environs de Dunkerque (d'après nature);

221. — Un pêcheur d'Etretat (d'après nature).

JANET-LANGE (Ange-Louis), élève de Ingres, Horace Vernet et M. A. Colin, rue d'Enfer, 113 et 119, à Paris. Médailles Paris, Lyon, Rouen.

222. — Le dernier ami.

JOURDAN-MONJOL (Jules), élève de M. L. Tabar, rue de Courtille, 27, Paris.

223. — Une vendetta.

LAMPÉRIÈRE (V.) d'Arras, élève de M. Drolling, place des Chaudronniers, à Arras.

224. — Lièvre et faisan (nature morte);

225. — Portrait de M. Barré, capitaine du train du génie.

226. — Trompe l'œil;

227. — Repas frugal (nature morte).

LANDELL E (Charles). 17, quai Voltaire à Paris.

228. — Femme arménienne.

LAPITO (Auguste), ✳✳, médailles à Paris et à Bruxelles (grande médaille), rue Sainte-Anne 29, à Paris.

229. — Vue prise aux environs de Picquigny (Somme);

230. — Vue prise à Abbevillle.

LANDAIS (Paul-Louis), 58, rue Neuve des Mathurins, à Paris.

231. — Pêcheurs provenceaux.

LAROCHE (Amand), élève de Drolling, 17, rue d'Aumale, à Paris.

232.—Préparatifs de voyage (Egypte).

LATOUCHE (Louis), 34, rue de La-fayette, à Paris.

232 *bis*.— —La pointe de l'île à Saint-Ouen.

LAURENS (Jules-Joseph), 15, rue Bonaparte, à Paris. Médailles 1857, 1867. etc.

233. — Décembre (souvenir de la Drôme);

233 *bis*. — Le déjeuner du prolétaire.

LASSALLE (Louis), 15, rue Neuve des Petits-Champs, à Paris.

234. — Les petits lapins.

LAYS, élève de Saint-Jean à Lyon, rue Sainte-Hélène, 41. 1er prix à Lyon, médaille d'or à Genève, etc., etc.

235. — Un vase de fleurs variées.

LAZERGES (Hippolyte) ✻, 18, rue du Bac, à Paris.

236. — Idylle, souvenir d'Algérie.

LECONTE (Edouard), élève de M. Harpignies, 17, rue Grenelle-Saint-Germain, à Paris.

237. — Etang de Cernay (soirée de printemps).

LEJEUNE (Eugène), 36, rue de l'Ouest, à Paris.

238. — Les petits remouleurs Solognats.

LENFANT, 46, rue de Notre-Dame de Lorette, à Paris.

239. — La jeune mère,

LEROY (Etienne), 43, rue Saint-Georges, à Paris.

240. — Un complot.

LÉVIS (Henri-Jean-Baptiste), élève de MM. Lambinet et Veyrassat, 34, rue Labat, à Montmartre. Médaille à Montpellier.

241. — Le maréchal ferrant à Montmartre,

LHOTE (Jules), élève de M. Verreaux, 18, Petite-Place, à Saint-Omer.

242. — Rocher de la crèche, à Boulogne-sur-Mer;

243. — Environs de Saint-Omer, effet du soir.

LINDER, 46, rue Notre-Dame de Lorette, à Paris.

244. — La sortie de la messe.

LINTELO (Constantin), 38, rue de la Tour d'Auvergne, à Paris.

245. — Au jardin.

LOUSTAU (L.), 5, rue Martyr, à Charenton-le-Pont (Seine).

246. — Le débarquement du général Bonaparte de l'Egypte en 1798;

247. — Le lendemain de la prise de Malakoff.

LOUTREL (Victor-Jean-Baptiste), 35, rue des Abbesses, à Montmartre-Paris.

248. — Bernard de Palissy;

249. — Femme dans la neige.

MAIGNAN (Albert), élève de Jules Noël, 30, quai de l'Ecole, à Paris.

250. — Pasagès San-Juan (Espagne).

MALLET, 3, rue du Dragon, à Paris.

251. — La moisson.

MARCHAX (Aimé), élève de M. Hébert, 18, rue du Bac, à Paris.

252. — Les roses trémières;
253. — Le papillon.

MARRE-LEBRET (Victor-Alexandre), 24, rue Bonaparte, à Paris.

254. — Fruits et fleurs;
255. — Une cueillette d'abricots.

MASURE (Jules), élève de M. Corot, Paris, 45, rue du Cherche-Midi. Méd. 1866.

256. — La mer à Antibes.

MÉLIN (Joseph), élève de David d'Angers et P. Delaroche, 18, rue du Bac, à Paris. Médailles 1843, 45, 55, 57.

257. — Le rappel ;
258. — Un relai.

MONGODIN (Victor), élève de M. De
Rudder, 23, rue Oudinot, Paris.

259. — La leçon.

MOORMANS (Frantz), élève de l'Académie d'Anvers, boulevard de l'Hôpital,
4, à Paris, médaille à Rouen.

260. — La correspondance ;
261. — La missive ;
262. — Intérieur de cabaret hollandais.

METTLING (Louis), élève de l'école des
Beaux-Arts, Place St-Victor, 26, Paris.

263. — La liseuse.

MOULINET (E.), rue N.-D. de Lorette,
46, Paris.

264. — Le retour des champs.

NÉMOZ (J.-B. Augustin), de Thodure
(Isère), élève de MM. Picot et Cabanel.

265. — La Sagesse chassant l'Amour.

OUVRIÉ (Justin), ✻, place Pigale, 11, à
Paris. Méd. 1831, 43, 55.

266. — Le pont du Béguinage, à Bruges ;

267. — Ancienne fabrique de M. Crespel-Dellisse, à Arras (appartenant à M. Lecesne).

PABST (Camille-Alfred), élève de M. Comte, 21, boulevard de Clichy, à Paris.

268. — L'attente.

PATROIS (J.), membre de l'Académie des Beaux-Arts de Rotterdam, 31, avenue d'Eylau. Méd. 1861, 63, 64.

269. — Le pressoir ;

270. — La récolte des pommes de terre ;

271. — L'amateur de bijoux.

PAU (Joseph Paoli), élève de M. Dupuis. 4, place du Théâtre, Montmartre-Paris.

272. — L'aumône du soldat.

PÉCRUS (Charles), rue Fontaine-Saint-Georges, 42, Paris.

273. — L'eau bénite.

PÉGOT (BERNARD), Auteuil, Paris, rue Molière, 3.

274. — Un coin d'atelier.

PELLEGRIN (LOUIS-ANTOINE-VICTOR), de Toulon, 9, rue Chateaubriand, à Paris.

275. — La reine à la Conciergerie (octobre 1793).

PELLETIER (LAURENT), méd. à Paris en 1842 et 46, 12 autres en Province.

276. — A la Chaise Marie, forêt de Fontainebleau, automne;

277. — Une rue à Oberstein (Prusse rhénane) ;

278. — Une ferme en Lorraine;

279. — Une chaumière en Savoie ;

280. — Au nid de l'aigle, forêt de Fontainebleau;

281. — Dans le parc de M. Chagot (*salon de 1868*).

PETIT (CONSTANT), de Douai, élève de Picot et Vauchelet, 16, rue Sainte-Apolline, à Paris.

282. — Le pot au feu ;
283. — La lecture;
284. — Le pain Sec.

PIERDON (FRANÇOIS, 19, Rond-Point, à Boulogne-sur-Seine.

285. — Plaisir des buveurs d'eau.

PINTA (AMABLE-LOUIS), 22, rue Linné, à Paris.

286. — Une cavalcade par un temps de pluie ;
287. — Un sentier dans les blés.

PINTA (Mlle MARIE), chez M. Pinta, St-Laurent-lez-Arras.

288. — Portrait ;
289. — Id.;
290. — Fileuse et cuisine du Gatinais.

PIPARD (CHARLES), 95, chaussée Ménilmontant, à Paris.

291. — Lantura ;

292. — Verre de Bohême (nature morte).

POBÉGUIN (OLIVIER, de Vannes, lieutenant au 26ᵉ à Cherbourg.

293, — Environs de Vannes (Morbihan);

294. — Souvenir de Bretagne.

POMEY (LOUIS-EDMOND), 25, quai Bourbon, à Paris.

295. — Fleurs des ruines ;

296. — Bohémienne, tête d'étude.

PONTHUS-CINIER, 1, avenue de l'archevêché, à Lyon, Deuxième prix de Rome. Médailles diverses.

297. — Une échappée sur le lac d'Annecy ;

298. — Un ravin à Saint-Didier.

PUYROCHE-WAGNER (Mᵐᵉ ELISE,) 38, chemin de Montessuy, à Lyon.

299. — Sur la montagne, fleurs des champs.

RACINE (Joseph-Eugène), 116, rue d'Assas, à Paris.

300. — Gibier ;
301. — Raie et grenades ;
302. — Pêches et melons ;
303. — Fruits et ustensiles de cuisine.

RAIMOND (Mlle Rosalie), 46, rue de Douai, à Paris.

304. — Les cerises.

RAVEL (Jules), 77, rue Blanche, à Paris,

305. — Une première lecture.

REYNAUD (François), élève de Loubon, 18, rue du Bac, à Paris. Médaille 1867.

306. — La cuisine ambulante (Naples) ;
307. — Femme italienne.

RHEM (Edmond), élève de M. Pasini, 8, boulevard Montmartre, à Paris.

308. — Bords de la Rance (Ille-et-Vilaine);

309. — Pont du Gard;

310. — Nature morte.

RICHARD (Pierre-Louis), à Tournan (Seine-et-Marne.

311. — La mort d'une cantinière;

312. — Intérieur de cour à Honfleur;

313. — Retour de chasse.

RICHARD-CAVARO (Charles), 7, rue Perronet, à Paris.

314. — La Dogaresse (salon de 1868);

315. — Le Sénat de Venise (a figuré à l'Exposition universelle).

RICO (Martin), élève de Calame et de M. Madrazo, 30, rue de Bréda, à Paris.

316. — Paysage.

RICOIS, 197, rue Saint-Dominique-Saint-Germain, à Paris.

317. — Les côtes de Boulogne et la colonne de la grande armée au moment de la revue par Napoléon Ier, en 1804.

ROSIER (AMÉDÉE), à Ville-d'Avray (Seine-et-Oise).

318. — Le grand canal à Venise.

ROSLIN (Mme), élève de MM. L. Cogniet et marquis de Clinchamp, 14, rue de Chabrol, à Paris.

319. — La lettre intéressante.

ROSSI, élève de l'Académie des beaux-arts de Florence, 18, rue du Bac, à Paris.

320. — Réception sous Louis XV.

ROYBET (FERDINAND), 8, rue de l'Aiguillerie, à Paris.

321. — Une musicienne.

ROZIER (JULES), élève de Bertin et P. Delaroche, 58, rue Neuve des Mathurins, à Paris.

322. — Vue prise à Anvers.

SAINT-ALBIN (Mme CÉLINE DE), élève de Jacobber, 36, rue de Bondy, à Paris. Médaille 1845.

323. — Canna et Hortensia.

SAINT-JEAN (PAUL), élève de son père, 5 *bis*, rue Mansart, à Paris.

324. — L'Eté (jeune femme appuyée sur une chaise).

325. — Paresse (jeune fille endormie sur ses livres).

SAINT-PIERRE (GASTON-CASIMIR), de Nîmes, 2, cité Gaillard, à Paris. Médaille 1858.

326. — Fuite en Egypte, le repos ;

327. — Anna Maria.

SALANSON (Mlle EUGÉNIE), 44, rue Barbet de Jouy, à Paris. Médaille Rouen 1864.

328. — Portrait de mariée (*Exposition de Paris*);

329. — Bouquet de fleurs et rose effeuillée;

330. — Déjeûner d'ouvrier, nature morte.

SCHMIDT (Louis-Lucien-Jean-Baptiste), à Roupy (Aisne), élève d'Hippolyte Flandrin. Diverses médailles.

331. — Deux natures mortes.

SCHOUTTETER (Louis), 73, rue de Jemmapes, à Lille.

332. — A la ferme;

333. — La chute du jour (effet de neige).

SÉLIM (Mme Honorine), élève de Scheffer, 92, rue d'Amsterdam, à Paris. Médaille.

334. — Portrait du fils de l'auteur;

335. — Le poète Gilbert mourant composant ses derniers vers.

SERRES (Antony), 7, rue Chaptal, à Paris.

336. — Le retour inattendu;

337. — L'amour et la volupté.

SERVANT (André), élève de l'école de Lyon et de M. Cornu, rue Neuve-Fontaine-Saint-Georges, 12, à Paris.

338. — Une bonne chasse ;

339. — Le sommeil de l'innocence;

240. — Mon dernier coup d'adresse.

SERVIN (Amédée), 18, rue de Bellefond, à Paris.

341. — L'aventure.

SINET (Hippolyte), à Villennes, près Poissy (Seine-et-Oise).

352. — Liseuse ;

343. — La leçon de calcul ;

344. — Matinée du printemps.

STEVENS (J. D.), Ixelles-lez-Bruxelles.

345. — La brodeuse.

SWYNGHEDAUW (Édouard), à Bailleul (Nord), élève de M. Alphonse Colas.

346. — Vers le soir, au pied du mont des Cattes.

TABAR (Léopold), élève de Paul Delaroche, rue Capron, 35, à Batignolles-Paris. Médaille de Paris 1867.

347. — Un chemin dangereux (en Espagne);

348. — Rives du Bosphore.

TAMIZIER (Claude-Auguste), rue de la Paix, 52, Batignolles-Paris.

349. — Vue prise à Bonnencontre (Auvergne), matinée d'automne ;

350. — La pointe de l'île St-Ouen, près Paris, effet de soir.

TESSON (Louis), élève de Descamps, 43, rue St-Georges, Paris.

351. — Bazar à Alger ;

352. — Un café algérien.

TÉTIN (Emile), élève de M. Charles Demory, à Arras.

353. — Etude de jeune paysanne ;

354. — Méditation, .

THÉPAUT (Jules), élève de l'école communale d'Arras et de feu Constant Dutilleux. Médaille 1re classe, Boulogne-sur-Mer, — admis à Paris.

355, — Solitude, étude sur nature, temps gris du matin ;

356. — Un matin à Saint-Laurent-Blangy ;

357. — Une pêcherie sous les murs d'Arras ;

358. — Bords de la Meuse près Naumur (Belgique) ;

359. — Dans le bois, matinée d'automne ;

360. — Fruits ;

361. — Pivoines et Iris.

THOMAS (ADOLPHE), à Mello (Oise).

362. — Vue du lac des Quatre-Cantons (Suisse) ;

363. — Ruines du château de Saint-Ulrich, à Ribeauville (Haut-Rhin) ;

364. — Allée sous bois, automne.

THUILLIER de MORNARD (Mme Louise), élève de son père, à Cherbourg, 44, rue de Chantier. Médaille 1847.

365. — Lendemer, environs de Cherbourg (*Salon de 1867*).

TODD (John-Georges), 30, rue de Bréda, Paris.

366. — Nature morte.

TORTEZ, rue de Vaugirard, 124.

367. — Les petites maraudeuses.

TRONVILLE (F.-J.), rue de Miroménil, Paris.

368. — Souvenir de Bretagne ;
369. — Après la tempête.

VALTON (EDMOND-EUGÈNE), élève de
MM. Fossey et Couture, 12, rue St-Gilles,
Paris.

370. — Le départ du conscrit;
371. Le premier déjeûner.

VAN ELVEN, 55, rue du Cherche-Midi,
Paris.

372. — Vue en Hollande;
373. — Hiver en Pologne.

VARLET, avenue de Choisy, 168, Paris.

374. — Dernière heure de Néron.
375. — St. Alpin, évêque de Châlons-
sur-Marne, devant Attila;
376. — Henri IV entrant à Notre-
Dame après l'abjuration.

VAYSON (PAUL), 90, rue d'Assas, Paris.

377. — Fleurs;
378. — Dans les champs (étude de
petite fille).

VERNIER (EMILE), élève de M. Collette,
40, rue Fontaine-St-Georges, Paris,

379. — Vue de la ville de Blois.

VEYRESSAT (Jules-Jacques), 7, boulevard de Clichy, Paris.

380. — Cour aux environs de Fontainebleau ;
381. — Paysan à l'affut;
382. — Une rue à St-Jean-de-Luz
(Basses-Pyrénées).

VIGIER (JEAN-LOUIS), 7, passage Stanislas,
Paris.

383. — Joséphine sous la Terreur.

VILLA (EMILE), 78, avenue de Breteuil,
Paris.

384. — Le corbeau et le renard ;
385. — Le rat et l'huître;
386. — Nouvelle Perrette ;
387. — Italienne;
388. — Nature morte (poissons).

VILLENEUVE (Jules), de St-Omer, 3 *bis*, rue des Beaux-Arts, Paris.

389. — St. Bernard en extase;

390. — Léda *[Expos 1868]*.

VOLLON (ANTOINE), 8, rue de l'Aiguillerie, Paris. Médaille 1868.

391. — Bouquet de pensées.

WALKER (James), 18, rue du Bac, Paris.

392. — Un relai de chiens.

WASINGTON (GEORGES), né à Leipzig, élève de Picot, 18, rue du Bac, Paris.

393. — Le fauconnier.

WEBER (THÉODORE), 21, boulevard, Clichy, Paris.

394. — Le Tréport ;

395. — Plage au bourg d'Ault (Somme)

396. — Côte de Normandie ;

397. — Pêcheurs de varech (Finistère)

WILLEMS (L.), rue du Chaufour à la Madeleine-lez-Lille.

398. — Une jeune mère.

ZIEM (Félix), de Beaune, Paris-Montmartre, 72, rue Lepic.

399. — Le grand canal de Venise,

ZUBER-CUHLER (FRITZ), élève de
MM. Grosclaude et Picot, 7, rue de La
Bruyère, Paris.

400. — Câlinerie.

II.

AQUARELLES ET PASTELS.

ARMAND - DUMARESQ (CHARLES - ÉDOUARD), ✳ 1867, élève de Couture. Médailles 1861 et 1863.

401. — Charge de cuirassiers à Eylau (aquarelle).

BLANQUART - EVRARD, élève de M. Liénard, à Lille.

402. — Chiens courants d'après Mélin (pastel) ;

403. — Chiens courants d'après Mélin (pastel).

BRUNEAU (ADRIEN), rue des Petites-
Écuries, 22, à Paris.

404. — Entrée d'un bois (aquarelle);
405. — Matinée d'automne (aquarelle).

BRUNEAU (Mᵐᵉ AURÉLIE), élève de
Mᵐᵉ Girardin, à Ville-d'Avray (chemin
de la grille).

406. — Fleurs des champs (aquarelle);
407. — Fruits et fleurs des bois
(aquarelle).

COQUART (GEORGES-ERNEST), prix de
Rome, 1858. Médaille 1865, Paris, boulevard Saint-Marcel, 20, Paris.

408. — Eglise de Saint Philippe Neri à
Naples, d'après nature (aquarelles);
409. — Temple de la Victoire Aptère,
à Athènes, d'après nature (id).
410. — Environs de Pompéi (id.)

411. — Chiatamone et le château Dell'Ovo, Naples, 9 (id.)

CRÉTINEAU JOLY (Charles-Ludovic), élève de M. Apoil, à Vincennes, villa Monmory, 5.

412. — Education de Bacchus (Email.)

DE BORD (Jean), à Nanterre (Seine).

413. — Zouave en tirailleur (dessin rehaussé).

DEHAYE (Mlle Nelly), rue du Bloc, à Arras.

414. — D'après une peinture de Monsieur Compte-Calix (pastel).

FABRE (Charles-Ferdinand), élève de Jules Duvaux et Lazerges, 17, rue de Chabrol, à Paris.

415. — Triton, d'après un bas-relief de Clodion (peinture sur porcelaine);

416. — Faune et nymphes, d'après Clodion (peinture sur porcelaine).

LEGRAND (Eugène-Léon-Joseph), élève de son père, 37, avenue d'Antin, à Paris.

417. — Les cancans du lavoir à Villerville (Calvados) (aquarelle).

MALVAULT (Mlle Chérie), élève de Mademoiselle Peignot, 17, rue de Chabrol, à Paris.

418. — Diane, d'après Boucher (peinture sur porcelaine).

MIDY (Mme veuve Louise-Aline), 11, rue Taranne, et 3, rue d'Erfurth, à Paris.

419. — Enfants et fleurs, d'après un tableau de l'école italienne (pastel).

PAYEN (Henri), à Boiry–Becquerelle.

420. — Paysage, souvenir d'Italie (aquarelle).

PELLETIER (Mme Eugène), élève de M. Maréchal, de Metz.

421. — Raisins et citrons (pastel).

PELLETIER (Laurent), 53, rue Lepic,
à Paris. Médailles, Paris 1842 et 1846.

422. — A Galuzot (Bourgogne) (aquarelle) ;
423. — Vue prise dans la forêt de
Fontainebleau (aquarelle) ;
424. — Vue prise à Montmartre (automne) (aquarelle);
425. — Vue prise à Dormans (aquarelle) ;
426. — Au bois de Boulogne (aquarelle).

PLAINEMAISON (Mlle Léonie), élève
de Mlle Dautel, 48, rue des Abbesses, à
Montmartre.

427. — Portrait de Mme W... (pastel).

RITCHGITZ (Edouard), élève de M. Diday, 78, avenue de Breteuil, à Paris.

428. — L'affût aux canards (peinture
sur faïence, grand feu).

SABAND (Mlle CAROLINE), 333, rue Saint-Martin, à Paris.

429. — Tête d'enfant d'après Fragonard (porcelaine).

SABAND (Mlle NINA), 333, rue Saint-Martin, à Paris.

430. — Les vendanges, d'après Pru-d'homme (porcelaine).

SAGUET-HECQUET, 16, rue de la Housse, à Arras.

431. — Trois bouquets de fleurs (aquarelle).

SAINT-ALBIN (Mme CÉLINE DE), élève de Jacobber, 36, rue de Bondy, à Paris.

432. — Peinture sur porcelaine, d'après Jacobber.

DESSINS, GRAVURE, LITHOGRAPHIE,

ARCHITECTURE,

PHOTOGRAPHIE ARTISTIQUE.

ANDRIEUX (AUGUSTE), élève de Lorenz, né à Paris.

433. — Garde national. pompier, garde-champêtre fraternisant (appartient à M. de Galametz).

434. — Le triomphe de M. Prud-homme (à M. de Galametz).

BARTHELMESS (N.), à Dusseldorf. Médaille, salon 1864, médaille 1re classe Exposition universelle 1867.

435. — Dans l'église, d'après Vantieu (gravure).

436. — La réprimande de l'enseigne, d'après Ritter (gravure).

BURGER, à Munich.

437. — Scène de la vie de saint Boniface.

438. — Scène de la vie de saint Boniface (ces deux gravures sont tirées d'une série de 12 planches d'après les fresques de la chapelle Saint-Boniface, à Munich).

D'HAUTEL, (Virgile), élève de Léon Cogniet, 39, rue Notre-Dame-de-Nazareth, à Paris.

439. — Panneau décoratif (fusain).

FAURE (A.), photographe, 87, rue Impériale, à Lille. Médaille, Amiens 1860.

440. — Photo-toile peinte, portrait d'enfant.

441. — Photo-toile peinte, portrait de M. P..., de Lille.

442. — Tête d'étude de vieillard (photographie).

443. — Mon atelier (photographie).

445. — Cadre de photographies, neuf portraits, monnaie et coffret.

445. — Cadre émaux, 15 portraits.

FÉLON (JOSEPH), 13, rue Thiboumêry, Vaugirard-Paris. Médailles, 1861 et 4863.

446. — Intercession à Notre-Dame de Sainte-Espérance (dessin).

GALIMARD (NICOLAS-AUGUSTE), élève de MM. Auguste Hesse et Ingres, 71, boulevard Montparnasse, à Paris. Médailles 1835 et 1846.

447. — La séduction de Léda (répétition au pastel du tableau acheté par S. M. l'Empereur. *(Salon de 1857)*.

448. — La Visitation de la Très-Sainte Vierge (dessin à la sanguine).

GLASER, à Dusseldorf.

449. — Le portement de la Croix, d'après Paul Véronèse (gravure).

HANQUELLE (Jules), à Béthune.

450. — Portrait du bienheureux B.-J.
Labre (dessin).

451. — Tête de lionceau (dessin).

452. — Tête de tigre (dessin).

JACOTT (Jean-Jules), 1, rue Bellini,
Paris-Passy.

453. — La Luxure (lithographie).

454. — L'Orgueil (lithographie).

KELLER (Joseph), à Dusseldorf, membre
de l'Institut de France, ✳. Méd. 1838,
1859, 1863 et 1867.

455. — La Reine des cieux (d'après
Déger).

456. — Mater dolorosa.

457. — Le Sauveur.

KELLER (François), à Dusseldorff.

458. — L'Ange gardien (d'après Ful-
rich.)

LALANNE (Maxime), à Paris, 5, boulevard Montmartre. Médaille 1866. (Gravure.)

459. — Souvenir des Pyrénées (fusain).

460. — Souvenir de Besançon (fusain).

461. — Vue prise du Trocadero (eau forte).

LEBLAN (Louis), à Tourcoing.

462. — Projet de chapelle sépulchrale :

Plan de la chapelle et plan de la crypte.

463. — Elévation et coupe du monument.

MARRE-LEBRET (Victor-Alexandre), élève de H. Flandrin, 24, rue Bonaparte, Paris.

464. — La Nativité de la Vierge, d'après Murillo. (Dessin à l'encre de chine rehaussé de couleurs).

465. — La cuisine des anges (d'après Murillo, dessin rehaussé).

MAY (Mlle MARIE-ANAÏS), élève de S. Flandrin, rue St-Lazare, 31, Paris.

466. — Extase de S. Diégo, d'après Murillo (Dessin).

QUESROY (LOUIS-ARMAND), à Moulins, rue Neuve, 11.

467. — Les vieux moulins de Kervallé (fusain).

468. — Une triste matinée en décembre (fusain).

469. — Un beau soir (environs de Royat) (fusain).

470. — Dans un fournil (gravure à eau forte).

471. — La veilleuse — Bretagne (gravure à eau forte).

SERRES (ANTONY), rue Chaptal, 7, Paris.

472. — Jugement de Jeanne-d'Arc (dessin).

STEIFENSAND, à Düsseldorff.

473. — Madone, d'après Ch. Muller (gravure).

SWYNGHEDAUW (EDOUARD), élève de M. Colas, 6, rue du Saint-Esprit, à Bailleul.

474. — Sentier sous bois (dessin).

475. — Environs du mont des Cattes (dessin).

THÉRIN, architecte-voyer à St-Omer.

De 476 à 489.—Travail sur la mosquée de Cordoue (fait par ordre de S. Exc. le ministre des Beaux-Arts).

14 feuilles de dessin format grand-aigle.

TIRPENNE (JEAN-LOUIS), 53, rue Notre-Dame-des-Champs, à Paris.

490. — Paysage (fusain).

491. — Paysage (fusain).

VALTON (EDMOND-EUGÈNE), élève de
MM. Fossey et Couture, 12, rue St-Gilles,
à Paris.

492.—Lemont Merle (Fontainebleau),
(dessin).

VERNIER (EMILE), élève de Collette, 40,
rue Fontaine-Saint-Georges, à Paris.

493. — Les joueurs de tric-trac, lithographie d'après Roybet.
Vaches à l'abreuvoir, d'après Xavier de Cock, lithographie.

VOGEL (FRÉDÉRIC), à Dusseldorf. Médaille en 1865.

494. — Chez la jeune veuve, d'après
Lasch (gravure).
495. — Les joueurs, d'après Knauss
(gravure).

ZUBER-BUHLER (FRITZ), élève de

MM. Gros-Claude et Picot, 7, rue de la Bruyère, à Paris.

496. — Italienne (dessin rehaussé).

Notices venues pendant l'impression des précédentes.

CARRÉ, fils, architecte à Arras.

497 à 517. — 1º Projet de loges. Calvaire avec clôture et refuge :

3 plans;

2 coupes;

2 façade.

2º Projet de bains :

Plan, coupe et façade;

3º Projet de chapelle dans un château :

Plan, coupe et façade;

4º Projet d'amphitéâtre :

Plan et façade;

5º Détail, chapiteau ionique grec;

6º Décoration d'une galerie;

7º Esquisses :

Ecole, confessional, marché aux poissons.

518 à 522. — Cinq projets arc de triomphe.

LALANNE (MAXIME), élève de M. Gigoux, 31, boulevard Montmartre, à Paris.

523. — Paris en 1867, vue prise du Trocadéro (gravure à l'eau forte);

524. — Paris en 1867, vue prise du pont de la Concorde (gravure à l'eau forte).

IV.

SCULPTURE

ET GRAVURES EN CAMÉES ET MÉDAILLES.

BLOT (EUGÈNE), statuaire de marine, 79, rue Napoléon à Boulogne-sur-Mer. Médailles diverses.

525. — Bâteau échoué monté par des pêcheurs (terre cuite);

526. — Pêcheurs à la découverte (groupe en terre cuite);

526 *bis*. — Buste de pêcheur (terre cuite);

527. — Buste de pêcheur (terre cuite);

528. — Pêcheur avec sa pipe (terre cuite);

529. — Pêcheuse de .crevettes (terre cuite).

CARRIER - BELLEUSE (ALBERT - ER-NEST), ✳, élève de David d'Angers, 12, rue de la Tour-d'Auvergne, à Paris. Hors concours.

530. — Le souvenir (buste en marbre);

531. — Le regret (buste em marbre).

DOUBLEMARD (AMÉDÉE-DONATIEN), ✳, élève de Duret, 13, rue Billault, à Paris. Médaille, 1863, prix de Rome 1855. Exempt.

532. — Scapin de Molière (bronze);

533. — Jeune fille étonnée à la vue d'un lézard (bronze);

534. — Buste de M. Thomas (biscuit);

535. — Buste de l'amiral Hamelin (biscuit).

CUGNOT (LÉON), 7, rue Chaptal, à Paris. Grand prix de Rome 1859. Médailles 1863, 1865 et 1867. Exposition universelle, 1867.

536. — Réduction d'après le buste

original de Monseigneur Lequette, évêque d'Arras (le buste s'exécute actuellement en marbre à Paris);

537. — Fileuse de Procida (bronze).

DE MENOU (ARMAND), à Casseuil (Gironde). Médailles diverses, de 1864 à 1868.

538. — Bassets de Gascogne (groupe de deux chiens en plâtre);

539. — Chiens de Saintonge (groupe de deux chiens assis, en plâtre);

540. — Une curée chaude (groupe de quatre chiens en plâtre).

FELON (JOSEPH), 13, rue Thiboumay, à Paris. (Voir à la peinture.)

541. — La navigation (buste en terre cuite).

GAULARD (FÉLIX - ÉMILE), élève de MM. Salvatelli et Levasseur, 172, rue du Faubourg-Saint-Martin.

542. — Faust au sabbat (gravure sur camée).

HOPKINS (John), élève de Toussaint, 20, rue de Calais, à Boulogne-sur-Mer.

543. — Daphnis et Cloé.

LORMIER (Édouard), de Saint-Omer, élève de MM. Jouffroy et Capellaro, 136, rue de Vaugirard, à Paris.

544. — Portrait de M. le docteur Revel (buste en plâtre);

545. — Portrait de M. Victor L... (médaillon en terre cuite).

LOUIS (Hubert-Noël), de Saint-Omer, élève de M. Jouffroy, 136, rue de Vaugirard, à Paris.

546. — L'aiglon (statue en plâtre);

547. — Portrait de M. Ed. Lormier (buste en terre cuite).

MARTRÉ (A.), ex-médecin major au 91e de ligue, rue de la Citadelle, à Calais.

548. — Buste en plâtre de M. Legrand, maire de Calais ;

549. — Buste en plâtre d'une jeune fille.

ROBERT (Jean), d'Arras (mort il y a peu d'années).

550. — Le génie de la mort, tenant un flambeau renversé (sculpture en marbre).

THOMAS (Émile), élève de Pradier et de l'École des Beaux-Arts, 3, boulevard Suchet, à Passy-Paris.

551. — Buste, modèle en plâtre, de Monseigneur Lequette, évêque d'Arras.

SUPPLÉMENT

A LA PARTIE MODERNE.

Notices remises après l'impression de cette partie
du catalogue.

PEINTURE.

AILLAUD (ALPHONSE), à Saint-Martin de
Boscherville, par Maromme (Seine-Inférieure).

552. — Les tirailleurs (chasseurs à
cheval de la garde impériale).

ALLAIN (Mᵐᵉ PAULINE), élève de Chabal
et Rosa Bonheur, 13, rue des Quatre-
Vents, à Paris.

553. — Le bouquet à la sainte
Vierge;

554. — Roses et volubilis;

555. — Panier de fruits.

BORATYNSKI (Comte Korcrak E.), élève de Paul Delaroche, Cornélius et M. Schnorr, 27, boulevard d'Enfer, à Paris.

556. — Portrait de S. A. le prince Adam Czartoryski;

557. — Le matin au printemps dans les Apennins, près de Vallombrosa;

558. — Fruits.

BOURGES (Mlle Pauline-Elise-Léonide), élève de MM. T. Salmon et E. Frère, 54, rue Saint-Georges, à Paris.

559. — Port de Saint-Valery, à l'embouchure de la Somme;

560. — Petite bohémienne.

CHIBOURG (Pierre-Justin-Léopold), élève de Picot, 17, rue Ronnelet, à Paris.

561. — Matinée au bord de la Loire;

572. — Soleil couchant, Lussault-
sur-Loire.

COINDRE (Gaston-Jean), de Besançon,
élève de M. Maire, 12, Crande-Rue, à
Besançon.

563. — Premières feuilles, étude d'a-
près nature;
564. — En plein été.

COUDER (Alexandre), ✷, élève de Gros,
9, rue Chateaubriand, à Paris.

565. — Fleurs et fruits.

DE LA PORTE (Mlle Adèle), élève de
Itenben, 22, rue Saint-Dominique, à
Paris.

566. — Roses;
567. — Un chien de Terre-Neuve.

DENNEULIN (Jules), 73, rue du Moli-
nel, à Lille.

568. — Le photographe de village;

569. — La gorge d'Orchimont (paysage.

DE VILLIERS (Henri), élève de M. E.
  Laville, 1, rue de Poissy, à Paris.

570. — Rivage de la Méditerranée
  (Saint-Raphaël);
571. — Un soleil couchant dans la
  Basse-Seine.

DE VILLIERS (Prosper), élève de M. De
  Villiers, 1, rue de Poissy, à Paris.

572. — Les bords de la Seine;
573. — Bords de la Seine, Ile Chan-
  terelle, près Choisy-le-Roi.

DOUTRELEAU (Mᵐᵉ Agathe), château
  de la Vieuville, par Dol de Bretagne (Ille-
  et-Vilaine).

574. — La Berceuse, ou la prison-
  nière du petit frère;
575. — La galette, intérieur de ferme
  en Bretagne.

FLANDRIN (Paul), ✳, élève de Ingres, 10, rue Garancière, à Paris.

576. — Une carrière abandonnée.

HUE (Charles), 46, rue de La Rochefoucault, à Paris.

577. — La lettre de recommandation;
578. — Le sommeil.

LAFFITTE (Théodore), à Barbizon, par Melun (Seine-et-Marne). Diverses médailles.

579. — Avant le coup de fusil;
580. — Après le coup de fusil.

LA VIEILLE (Eugène). Médailles 1849, 1864.

581. — Une ferme à Barbizon.

LAUGÉE (Désiré-François), ✳, élève de Picot, 15, boulevard Lannes, à Paris.

582. — Le nouveau-né, scène picarde.

LEGRIP (Frédéric), élève de David d'Angers et Court, 11, rue Visconti, à Paris.

583. — Le convoi d'une jeune fille.

LHOTE (JULES), de Boulogne, élève de M. Verreaux, 18, à St-Omer, Petite-Place.

584. — Chaumière dans le marais (environs de Saint-Omer).

585. — Etude d'après nature.

METTAIS (CHARLES), né à Paris.

585 *bis.* — Aveugle endormi. *(Collection Abel Duvernois)*.

NÉMOZ (JEAN-BAPTISTE-AUGUSTIN), élève de MM. Picot et Cabanel, 139, boulevard Saint-Michel.

585 *ter.* — Portrait de M. Victor Advielle, d'Arras.

NOEL (JULES), élève de Charioux, 13, rue de l'Abbaye-Saint-Germain, à Paris. Médaille 1853.

586. — Bâteaux pêcheurs (Tréport).

586 *bis.* — Lavandière (appartient à M. Guiot).

OUVRIÉ (Justin) ✳, élève de MM. Abel
de Pujol, baron Taylor et Chatillon,
architecte, 11, place Pigale, à Paris.

587. — Le château impérial de Pier-
refonds.

POIRIER (Charles), 62, rue Pigalle, à
Paris.

588. — Bords du Nil.

PONCHIN (Louis), élève de l'école des
Beaux-Arts de Marseille, 16, rue Napoléon, à Marseille.

589. — Les maraudeurs marseillais.

POTÉMONT (Adolphe-Martial), élève
de MM. Léon Cogniet et Brissot, 58, rue
Neuve-des-Mathurins, à Paris.

590. — L'intervention.

RASPAIL (Benjamin), à Cachan, près
Paris.

591. — Clair de lune, bords du Ru-
pel (Belgique);

592. — Nature morte : perdrix et cri-
quart.

RIBOT (Théodule), élève de M. Glaize,
à Argenteuil (Seine-et-Oise), Médaille
1864 et 1865.

593. — Les saltimbanques;
594. — Tête de moine;
595. — Tête de jeune fille.

SCHMIDT (Louis-Lucien-J.-B.), élève
de Hippolyte Flandrin, né à Miellin
(Haute-Saône). Médailles diverses.

596. — Ane et chèvre (les deux dé-
serteurs);
597. — Faisan et cafetière (nature
morte);
598. — Broc de grès et harengs (nature morte).

SEBRON (Hippolyte), ✳, élève de M. Cogniet. Paris, rue Taitbout, 80.

599. — Les colosses d'Aménophis et
de Memnon.

TESSON (Voir à la première partie).

600. — Un faubourg de Constantinople (appartient à M. l'abbé Van Drival).

TRICART (Édouard), à Arras.

600 *bis*. — Paysage (souvenir de Hollande).

VAN-ELVEN (Pierre), élève de son père, Paris, rue du Cherche-Midi, 55.

601. — Vue à Grenade;

601 *bis*. — Vue en Hollande.

WAGREZ (Edmond), de Douai, 43, quai Bourbon, Paris.

602. — Une fileuse (collection de M. le docteur Ledieu).

III.

AQUARELLES, PASTELS, DESSINS.

BOURGEOIS (ISIDORE), 6, rue Mare, au Havre.

603. — Hangar normand (aquarelle);

603 *bis*. — Falaises d'Etretat (aquarelle);

604. — Vue prise à Pont-l'Evêque (aquarelle);

605. — Ferme normande (aquarelle);

BOUTILLIER DE MONTIÈRES (LÉON)

élève de M. Jacquand, 59, rue St-Lazare, à Paris.

606. — Jeune esclave (pastel) ;
607. — Mme de Lignerolles (pastel).

CAMINADE, ✳, directeur des contributions indirectes à Arras.

608. — Etretat (aquarelle) ;
609. — Le café des Platanes à Musta-
pha, près Alger (aquarelle) ;
610. — Vue d'Orient, aquarelle d'après
un tableau à l'huile de M. Tesson.

DESAVARY (CHARLES), à Arras.

611 à 613. — Trois cadres de lithographies diverses ;
614 et 615. — Reproductions de tableaux ;
616. — Dessins originaux à la pointe
sur glace (auto-photographie) ;
617. — Vues sur collodion sec et collodion humide.

GRIGNY (Jean), à Arras.

618. — Fausse-Porte de la Geôle (mine de plomb).

HUAS (Pierre-Adolphe), 9, rue de Chateaubriand, à Paris.

619. — Le bilboquet (pastel) ;
620. — Fileuse (pastel).

OUVRIÉ (Justin), ✻. *(Voir à la peinture.)*

621. — Canal à Amsterdam (aquarelle).

ROBAUT (Alfred), à Douai (Nord).

622. — Quatre fac-simile de dessins originaux d'Eugène Delacroix;
623. — Trois fac-simile de dessins originaux d'Eugène Delacroix;
624. — Trois fac-simile de dessins originaux d'Eugène Delacroix;
625. — Première et deuxième série des fac-simile d'Eugène Delacroix (en album);

626. — Fac-simile d'un dessin d'E. Meissonnier;

627. — Fac-simile d'un dessin de J. Breton;

628. — Deux cadres renfermant 32 reproductions de peintures de C. Dutilleux;

629. — Trois cadres, diverses lithographies, chromo - lithographies, monuments, etc.;

630. — Vue prise à Rouen, dessin d'après nature;

631. — Vue prise à Gravelines.

CATALOGUE

DE

L'EXPOSITION

DES

BEAUX-ARTS.

PARTIE ANCIENNE.

N. B. — Le premier nom des Notices suivantes indique le Propriétaire de l'objet. Quant aux attributions qui sont données aux œuvres d'art dans ces Notices, la Commission n'entend pas en prendre la responsabilité.

PEINTURE.

M. LE COMTE D'AOUST.

532. — La Vierge et l'Enfant Jésus, très-vraisemblablement de *Nicolas Mignard* (frère de Pierre).

M. BÉNARD (EUGÈNE), de Boulogne.

633. — Tableau de fleurs, de Monnoyer (Jean-Baptiste), communément appelé *Baptiste* (XVIIe siècle).

Mme LA BARONNE BONAERT.

634. — Portrait de S. M. Marie-Thérèse d'Autriche, impératrice d'Allemagne, *roi* de Hongrie, donné par l'Impératrice à M. de Nény, à qui était alliée la famille Bonaërt.

635. — Portrait du comte de Nény, premier ministre de Marie-Thérèse dans les Pays-Bas.

M. **BONNET** (Louis), à Arras.

636. — Saint Pierre renie Jésus-Christ *David Téniers.*

637. — Lisière de la forêt de Soignies. *Huysmans, Corneille, de Malines.*

638. — Intérieur rustique. *Brauwer, Adrien.*

639. — La Vierge aux fleurs. *Attribué à Rubens,*

640 et 641. — Deux tableaux de fleurs. *Baptiste.*

642. — La décapitation de S. Jean. *Franck.*

643. — Pâturage avec vaches. *Potter, Paul.*

644. — La petite fermière. *Van-Loo, Carle ou Charles-André.*

645. — Un atelier de sculpture. *Bos-saërt (Thomas Willebrord)*.

646. — Un port de mer en Turquie. *Diébold, Jean-Michel.*

647. — Halte à la porte d'un cabaret. *Wouwermans, Pierre.*

648. — Notre-Dame d'Atocha à Madrid, miniature.

649 et 650. — Deux tableaux russes.

Mᵐᵉ **BOUTIGNY**, à Arras.

651. — Diane et Calisto, *Rottenhamer*.

M. **BRISSY** (ALPHONSE), à Arras.

652. — La Résurrection (agate).
653. — Etude de châtaignier.
654. — Paysage. *Paul Brill.*
655. — La Flagellation (cuivre).
656. — Paysage. *Ecole flamande.*
657. — Troupeau. *Ecole flamande.*

658. — Eruption du Vésuve. *C. v. B.*

659. — L'alphabet du paysagiste. *Augustin Toursel.*

660. — Les joies de la mère. *Lucas Jordanus Neopolitanus Pinxit.*

661. — Scènes diverses de la vie de saint Sébastien, religieux franciscain de la province du Mexique. *Ecole mexicaine.*

662. — Didon. *Ecole française, attribué à Lebrun.*

663. — Nature morte. *Ecole française.*

664. — La leçon d'astronomie. *Ed. Leclercq, d'Arras.*

M. **BURNIER-DÉALET**, à Arras.

665. — Minerve éclairant le Génie de la Science et des Arts, *ébauche par Prudhon.*

M. **COSSIAUX**, à Arras.

666. — Un portrait, *par David Louis.*

M. **DAUCHEZ** (B.), à Arras.

667. — Fruits. *Peter Gillemans.*

668. — Tête d'homme. *Holbein.*

669. — Volaille et fleurs. *Vénix.*

670. — Volaille. *Vénix.*

671. — Le ravissement de saint Paul. *Nic. Poussin.*

672. — Assomption. *Guido Reni.*

673. — Le Christ, *attribué à Coxis.*

M. **DEMORY**, père, à Arras.

674. — Le Temps découvrant la Vérité. *Esquisse de Nic. Poussin.*

675. — Paysage, *par Bruandais.*

M. **DESAVARY**, à Arras.

676. — Le Charlemagne, forêt de Fontainebleau. *Dutilleux.*

677. — La Scarpe à St-Nicolas. *Idem.*

M. **DESMOTTES-LENGLART**, à Lille.

678. — Saint Eustache, *attribué à Giotto.*

PARTIE ANCIENNE.   7

M. **DEUSY**, avocat, à Arras.

679. — Diane au bain. *Cornelis Poelenburg.*

680. — Portrait de Peter van der Veen et de sa famille. *Ecole hollandaise, de Bérgh, 1547.*

681. — Portraits de la femme et de la mère de *Philippe de Champaigne.*

682. — Hélène et Pâris, *par Gros.*

683. — Halte au bord de la mer. *Lingelbach.*

684. — Adoration des bergers. *Solimena, école italienne.*

M. **DUVERNOIS** (A.), à Arras.

685. — Choc de cavalerie. *Ecole du Bourguignon.*

686. — Présentation de saint Charles Borromée au Pape. *Zurbaran.*

M. **FLORENT-LEFEBVRE**, à Monchy-le-Preux.

687. — Les nouvelles du village. *Téniers, père.*

688. — Fête villageoise. *Téniers, fils.*

689. — Nature morte. *David de Heen.*

690. — Enfants jouant avec des oiseaux. *G. Netscher.*

691. — Les pâtineurs. *J. Van Goyen.*

692. — Effet de nuit. *Torrenburg.*

693. — Paysage. *J. Vernet.*

694. — Ruines. *Barthélemy Breemberg.*

695. — Fleurs et fruits. *Van der Ast.*

696. — Bataille. *Stevens dit Palamède.*

697. — Les bons pâturages. *Berghem.*

698. — Coup de foudre. *Salvator Rosa.*

699. — Le rachat du captif. *Granet.*

700. — La mort de la Vierge. *Ecole de Lesueur.*

701. — La leçon de lecture. *Dietrich.*

702. — L'enfant prodigue. *Ecole de Bologne.*

703. — Nature morte. *William Fer-guson.*

708. — Le retour à la ferme. *J. Van Breda.*

709. — Les filles de Loth. *Adrien Van der Werf.*

710. — Un boucher. *Ecole hollandaise.*

M. DE GALAMETZ (A.), à Arras.

711. — Le chevalier de Sombrin. *Henri Hesse.*

M. GRIMBERT (A.), à St-Pol.

712. — Suzanne et les vieillards. *Ecole flamande.*

M. **GUIOT**, à Arras.

713. — Surprise d'un camp sous Louis XIII, par *le Bourguignon.*

M. LE MARQUIS **D'HAVRINCOURT.**

714. — Ferdinand de Cardevacque

(élu huit fois échevin de la ville
d'Arras, auteur d'ouvrages esti-
més), recevant les redevances de
ses tenanciers, dans sa maison sise
place Cardevacque, à Arras. *Ecole
flamande, Jehan Breughel.*

715. — Messire Louis de Blondel,
écuyer, 1590.

716. — Henriette-Nicole d'Egmont
Pignatelli, duchesse de Chevreuse,
dame d'honneur de la reine.

717. — Louis, comte de Pontchartrain, chancelier de France en
1699.

718. — Louis-Maurice Mazarini, duc
de Nivernais.

719. — Hortense Mancini, duchesse
de Mazarin, nièce du cardinal.

720. — De l'Aubespine, comtesse de
Pontchartrain (portrait au pastel
en costume de plaideuse).

721. — Anne, comtesse de Gergy.

722. — Louis de Cardevac, marquis d'Havrincourt, ambassadeur en 1749.

723. — Antoinette de Gergy, marquise d'Havrincourt.

724. — François Dominique de Cardevac, marquis d'Havrincourt, colonel de dragons.

M. **HIRACHE**, à Arras.

725. — Portrait de M. et de Mme Doncre. *Doncre*.

726. — Milon de Crotone. *Doncre*.

727. — David, pénitent. *Doncre*.

728. — Saint Jérome. *Doncre*.

729. — La Madeleine. *Doncre*.

730. — Chasseur à l'affût. *Doncre*.

731. — Les bulles de savon. *Doncre*.

732. — Portrait de Napoléon Ier (esquisse du portrait fait par Doncre pour la préfecture).

733. — L'Amour vient. *Doncre*.

734. — L'Amour s'envole. *Doncre.*

735. — L'Amour endormi. *Doncre.*

736. — L'Amour vainqueur. *Doncre.*

737. — Groupe d'enfants. *Ecole italienne.*

738. — Le soir (paysage par *Diébolt*).

739. — Le sacrifice d'Iphigénie. *Abraham Janssens.*

740. — Tête de femme. *Louis Watteau, dit de Lille.*

741. — Fête villageoise. *Louis Wattean, dit de Lille.*

742. — L'agréable solitude. *Boucher.*

743. — La paix d'Aix-la-Chapelle (esquisse de *Natoire*).

744. — Chasse (paysage de Bruandet, figures de *Swébach*).

745. — Portrait de femme.

746. — Portrait de femme, *par Netscher.*

747 et 748. — Deux paysages, campagne de Rome, *par Chavannes.*

749. — Choc de cavalerie, *par Rugendas.*

M. **HOVINE** (Louis), à Arras.

750. — Portrait de moine de l'abbaye de Saint-Bertin.

751 et 752. — Deux scènes militaires. *Watteau de Lille.*

M. **LECESNE,** adjoint, à Arras.

753. — Le concert des anges. *Van Baelen.*

754. — L'oratoire de Marie de Bourgogne. *Toursel.*

M. **LEDUCQ,** à Arras.

755. — Saint Jérome.

Mgr **LEQUETTE,** ÉVÊQUE D'ARRAS.

756. — Salvator Mundi, peinture russe, nimbée d'or et habillée d'argent.

M. **PAMART-RAMBURE,** à Arras.

757. — Portrait d'un vieillard. *Doncre.*

757 *bis.* — Paysage composé. *Dutilleux.*

M. **PETIT** (OCTAVE), à Arras.

758. — Portrait de M. O. P. *Dutilleux.*

759. — Intérieur de forêt. *Dutilleux.*

M. le PRÉSIDENT **QUENSON**, à St-Omer.

760. — Peinture byzantine à la cire et sur or, du 13e au commencement du 15e siècle.

761. — Tête de Vierge (gothique allemand).

762. — Vierge avec l'enfant Jésus. *Holbein.*

763. — Charles-Quint en prière. *Esquisse de Rubens.*

764. — Ecce Homo. *Esquisse de Van-Dyck.*

765. — Tête de moine. *Porbus.*

766. — Tête de femme. *Mieris.*

767. — Les sirènes pleurant sur le corps de Léandre. *Van-Dyck.*

768. — L'enfant Jésus. *Van-Dyck,*

769. — La Vanité (représentée sous les traits de Samuel Bernard, banquier de Louis XIV. *Lebrun.*

M. **ROBERT** (ALCIDE), à Arras.

770. — L'adoration des Mages.

M. **ROBAUT** (ALFRED), à Douai.

771. — La vue du chenal de Gravelines. *Dutilleux.*

772. — Tournant de la Scarpe. *Dutilleux.*

M. **SIMON**, receveur municipal à Arras.

De 773 à 776. — 4 tableaux de Watteau de Lille.

M. l'ABBÉ **THILLOY**, à Arras.

777. — La Sainte-Vierge et l'enfant
Jésus, peinture sur cuivre.

M. l'Abbé **VAN DRIVAL**, à Arras.

778. — Apparition de la Ste-Vierge à
Saint-Bernard. *Ecole flamande.*

779. — La cité de Dieu: Immaculée
Conception avec tous les attributs
bibliques. *Tableau allégorique de
l'école flamande, XVIe siècle.*

M. **VINCHON**, à Arras.

780. — La Transfiguration, peinture
sur agate. *Martin de Vos.*

781.—Josué arrêtant le soleil (cuivre).
*Mathias Fuessly, peintre allemand
XVIIe siècle.*

TAPISSERIES.

M. LE GÉNÉRAL **VÉRON DE BELLE-COURT**, à Arras.

782. — 4 petites pièces de broderie au canevas, ouvrage de Saint-Cyr.

M. LE DOCTEUR **BRÉMART**, à Arras.

783. — Une scène de triomphe, tapisserie avec fils de soie et d'argent, ouvrage d'Arras,

784. — Une verdure, id.

M. **BRISSY** (ALPHONSE), à Arras.

785. — Alexandre recevant la famille de Darius, grande tapisserie, ouvrage d'Arras.

M. LE COMTE **DE BRYAS.**

786. — Junon et Flore, grande scène mythologique, tapisserie des Gobelins.

M, **DUBOIS**, de Douai.

787. — Moïse sauvé des eaux.

M. **DE CARDEVACQUE** (Ad.), à Arras.

788. — Une tapisserie d'Arras, scène flamande, portière;

789. — Une grande tapisserie d'Arras, scène dans le genre flamand.

M. **COLIN** (H.), à Arras.

790. — Tapisserie d'Arras, paysage, genre des verdures;

791. — Tapisserie d'Arras, fragment.

M. **DESMOTTES**, à Lille.

792. — Portière, fleurdelysée.

M. **HANSART**, à Arras.

793. — Une grande tapisserie d'Arras, paysage verdure.

M. **LAMPÉRIÈRE,** à Arras.

794. — Un paysage verdure, ouvrage d'Arras.

M. **LOIR,** à Arras.

794 *bis*. — La Sainte-Trinité, *ex-voto*, tapisserie d'Arras XVe siècle, datée.

Mme **MARONNIER,** à Douai.

795. — Tapisserie historique, datée, avec inscriptions, représentant les 17 provinces des Pays-Bas accablés par les malheurs de la guerre et de l'hérésie, ouvrage d'Arras.

M. **PETIT** (Oct.), à Arras.

796. — Grande tapisserie paysage. Signée.

M. **POTHIER,** à Arras.

797. — La Sainte-Vierge donnant le cirge miraculeux à l'évêque d'Arrrs, Lambert de Guînes, et aux deux

ménestrels, ouvrage d'Arras *(offert
au Musée par M. Pothier)*.

798. — Grand fragment de verdure,
remis à neuf par M. Pothier.

799. — Broderie sur canevas, ouvrage de Saint-Cyr.

M. LE PRÉSIDENT **QUENSON**, à Saint-
Omer.

800. — Antipendium ou devant d'au-
tel, en tapisserie de haute-lice, ouvrage d'Arras.

M. L'ABBÉ **VAN DRIVAL**, à Arras.

801. — Judith et sa suivante, grande
tapisserie d'Arras, laine et soie,
carton attribué au *Primatice*.
Provient de l'ancienne abbaye de
Mareuil.

802. — L'ordination de saint Etienne
par saint Pierre, très-ancienne tapisserie, ouvrage d'Arras.

803. — Scène guerrière, costumes romains, tapisserie d'Arras, XVIe siècle.

804. — Les vendangeurs, scènes diverses dans le genre de Watteau, ouvrage de Beauvais.

805. — Intérieur de ferme, tapisserie, ouvrage de Beauvais.

DESSINS ET GRAVURES.

M. LE MARQUIS D'**HAVRINCOURT** :

806 — 830. — Gravures de la collection Richelieu, de l'abbé Suger à Gaston, duc d'Orléans;

831. — Le grand Frédéric.

832. — Le cardinal Fleury.

833. — Le cardinal de Retz.

834. — Fénélon.

835. — Bossuet.

536. — Le cardinal Mazarin;

837. — Le cardinal Dubois;

838. — Charles de Longueval.

839. — Le prince Eugène, gravure de Rubens.

840. — Le comte de Berghes.

841. — Le duc d'Albe, gravure satyrique.

842. — Entrevue de l'île des Faisans.

843. — Mariage de Louis XIV.

844. — Alliance avec les Suisses.

845. — Louis XIV, jeune.

846. — Louis XIV plus âgé.

847. — Louis XV.

848. — Louis dauphin de France.

849. — Marie-Thérèse, dauphine.

850. — La duchesse de Bourgogne.

M. **LAIGLE**, à Arras.

PARTIE ANCIENNE:

8

851. — Le quart d'heure de Rabelais, dessin.

M. **LAMPÉRIÈRE**, à Arras.

852. — La Flagellation, très-grande gravure en trois planches.

M. **LEDUCQ**, avocat à Arras.

853. — Rubens venant chercher Brauwer dans un cabaret, dessin.

IVOIRES ET BOIS SCULPTÉS.

M. Victor **DEGAND**, à Arras.

854. — Christ en ivoire.

M. **DESMOTTE**, à Lille.

855. — Dyptique représentant d'une part la Vierge et deux anges, de l'autre le Christ en croix.

856. — Autre dyptique de la même époque.

857. — Plaque représentant le Christ en croix.

858. — Même sujet avec des vestiges de l'ancienne dorure ;

859, — La naissance de Jésus-Christ;

860. — Autre plaque du même genre.

861. — Plaquette en ivoire représentant un ange en prière et deux bustes de saints.

852. — Croix processionnelle en bois sculpté XVIe siècle.

863. — Vierge mère assise en buis *école d'Albert Durer.*

864. — Ste Madeleine. Bois sculpté, polychromé, fragment d'un rétable du XVIe siècle.

865. — 876. — 2 grands panneaux italiens en bois sculptés et dorés XVIe siècle.

M. l'abbé **DUBOIS**, curé de St-Jean-Baptiste, à Arras.

867. — Christ en buis.

M. **RAMBURE** aîné, à Arras.

868. — St-Sébastien, grande scène à plusieurs figures en ivoire (attribué à Duquesnoy.)

M. LE MARQUIS **D'HAVRINCOURT**.

869. — Bouquet en bois sculpté, par Aubert Parent de Valenciennes, très-célèbre sous Louis XVI, offert par l'auteur lui-même à M. la marquis d'Havrincourt.

TERRE CUITE.

M. **BONNET** (LOUIS), à Arras.

870. — Groupe en terre cuite, représentant la mise au tombeau.

ORFÉVRERIE,

OUVRAGE EN ARGENT ET EN CUIVRE REPOUSSÉ, ETC.

LES DAMES AUGUSTINES, à Arras.

871. — Reliquaire de la Sainte-Épine, ouvrage du XIIIe siècle.

M. **DEMOTTES-LENGLART**, à Lille.

872. — Aiguière en cuivre.

873. — Autre aiguière.

874. — Chandelier gothique (fin du XVe siècle).

875. — Autre chandelier, époque romane.

876. — Custode ou boîte à hosties en cuivre doré et émaillé.

877. — Autre custode.

878. — Ciboire hexagonal en cuivre ciselé et doré.

879. — Reliquaire en cuivre ciselé et doré.

880. — Reliquaire de Saint-Blaise en forme de bras, 1438.

881. — Petite statuette en cuivre repoussé et doré XIVe siècle.

ÉGLISE D'ANNEZIN-LEZ-BÉTHUNE.

882. — Pyxide émaillée, XIIe siècle.

ÉGLISE DE SAINT-NICOLAS, à Arras.

883. — Encolpion, réprésentant d'un côté un *Agnus Dei* en argent repoussé et portant de l'autre côté une dent de Saint-Nicolas au milieu d'un ouvrage de filigranes et de pierres, XIIIe siècle.

ÉGLISE DES DAMES URSULINES D'ARRAS.

884. — Reliquaire émaillé, ouvrage du XIIIe siècle.

M. LE MARQUIS D'HAVRINCOURT.

885. — 886. — Deux petits tableaux en argent repoussé, représentant

Jésus attaché à la Croix et l'*Ecce homo*.

M. L'ABBÉ **VAN DRIVAL**, à Arras.

887. — Ciboire en cuivre repoussé et ciselé, XVe siècle.

OBJETS DIVERS.

M. **DEMOTTES-LENGLART**, à Lille.

888. — Mitons d'armures cannelés, XVe siècle.

889. — Carabine de dame, XVIIe siècle.

890. — Petite dague dite miséricorde.

891. — Poire à poudre en fer gravé et repoussé.

892. — Poire à poudre en corne de cerf sulptée.

893. — Autre poire à poudre gravée et incrustée.

894. — Poire à poudre dite amor-
cière.

895. — Cartouchière en fer gravé et
repoussé.

896. — Etrille en fer ciselé du XVIe
siècle.

877. — Plat en cuivre, 1re moitié du
XVIe siècle.

898. — Coffret à couvercle en cuir
gravé et doré.

899. — Pot d'étain français, XVIe
siècle.

900. — Assiette italienne de Cas-
telli.

901. — Assiette italienne de Pesaro.

802. — Grand plat italien, fabrique
de Pesaro.

903. — Grès flamand (1589).

904. — Cruche bleue (1599).

905. — Poterie néerlandaise (1591).

906. — Cruche en grès gris émaillé
bleu (1589).

907. — Soufflet en bois sculpté, peint
et doré, fin du XVIe siècle.

908. — Miroir italien, en bois sculpté
et doré, aux armes des Médicis,
XVIe siècle.

909. — Etendard de la corporation
des apothicaires de Lille (1715).

910. — Grand plat d'étain de François Briot, XVIe siècle.

M. **A. TERNINCK**, à Bois-Bernard.

911 à 921. — Colliers, plaques en fer
damasquiné, objets divers de l'é-
poque Gallo-Romaine, trouvés dans
le pays.

Il doit y avoir un Supplément au Catalogue, mais il n'est pas possible de le rédiger en ce moment parce qu'il reste encore bien des objets annoncés. Ceux qui ont fait acquisition de ce Catalogue recevront gratuitement le Supplément, sur la présentation du présent avis, qu'on est prié de détacher.

www.ingramcontent.com/pod-product-compliance
Lightning Source LLC
Chambersburg PA
CBHW071808090426
42737CB00012B/2004